SV

Sonderdruck
edition suhrkamp

Trotz des Brexit, trotz der Eurokrise, trotz des Scheiterns einer solidarischen Politik in der Flüchtlingskrise; trotz alledem – und erst recht angesichts der neuen nationalistischen Front quer durch Europa: Heribert Prantl hält in seiner neuen Streitschrift ein leidenschaftliches Plädoyer für die Europäische Union als die größte Errungenschaft in der Geschichte des Kontinents. Prantl will, dass dieses Europa gestärkt aus seiner Krise hervorgeht: demokratischer, sozialer, bürgernäher.

Heribert Prantl

Trotz alledem!

Europa muss man einfach lieben

Suhrkamp

Erste Auflage 2016
edition suhrkamp
Sonderdruck
Originalausgabe

Druck: Druckhaus Nomos, Sinzheim
Umschlag gestaltet nach einem Konzept
von Willy Fleckhaus: Rolf Staudt
Printed in Germany
ISBN 978-3-518-07289-9

Europa muss man einfach lieben

Das ist der Wind der Reaktion,
Mit Meltau, Reif und alledem!
[…]
Doch sind wir frisch und wohlgemut,
Und zagen nicht trotz alledem!
In tiefer Brust des Zornes Glut,
Die hält uns warm trotz alledem!
Trotz alledem und alledem,
Es gilt uns gleich trotz alledem!
Wir schütteln uns: Ein garst'ger Wind,
Doch weiter nichts trotz alledem!
Ferdinand Freiligrath, Anfang Juni 1848

Es gärt in Europa. Ob es Wein oder Essig werden wird, ist ungewiss. Georg Christoph Lichtenberg hat diesen Satz während der Französischen Revolution geschrieben. »In Frankreich gärt es«, so beobachtete er im April 1793, »ob es Wein oder Essig werden wird, ist ungewiss.« Damals wurde in Paris gerade die demokratische Verfassung der Ersten Französischen Republik geschrieben. Es war dies eine wunderbare Verfassung, es war dies die klügste, hochfliegendste, begeisterndste Verfassung, die je geschrieben worden ist. Es war eine Verfassung, die Freiheit, Gleichheit, Sicherheit und Eigentum versprach, die das allgemeine Wahlrecht festschrieb und der eine ergreifende Erklärung der Menschen- und Bürgerrechte vorangestellt war. In einer Volksabstimmung wurde diese Verfassung damals mit großer Mehrheit angenommen, sie trat dann aber nicht in Kraft, weil stattdessen ein Jahr lang »la Grande Terreur« regierte, der Terror des »Wohlfahrtsausschusses« mit Georges Danton und Maximilien de Robespierre an der Spitze.

Es gärt in Europa: Eine nationalistische Front macht quer durch Europa Front gegen Europa; sie macht Front gegen die Werte der Aufklärung, gegen die Achtung von Minderheiten; sie macht Front gegen die Werte, die in der Französischen Revolution erkämpft und grundgelegt wurden; sie macht Front gegen Liberalität und Toleranz. Sie macht auch Front gegen ein Europa der offenen Grenzen; sie sucht das Heil also wieder dort, wo einst das europäische Unheil begonnen hat. Die nationalistische

Front rollt Stacheldraht aus und hält das für zukunftsgerichtete Politik. Aber je mehr sich eine Zivilisation einmauert, desto weniger hat sie am Ende zu verteidigen.

Die Europäer sammeln ihre Kräfte, wissen aber nicht so recht, wo und wie sie sie einsetzen sollen. Die Anti-Europäer wissen es schon. In Großbritannien wurde in einer Volksabstimmung der Brexit beschlossen. Er basierte auf einer Kampagne, die der Europäischen Union die Schuld an der Einwanderung gab und den Ausländern die Schuld an sämtlichen Missständen. In Österreich gibt es großes antieuropäisches Potenzial, man schwadroniert bereits vom »Öxit«. In Deutschland trommelt die AfD gegen Europa. In Frankreich agitiert Marine Le Pen gegen Europa und hat Chancen, 2017 Staatspräsidentin zu werden. In Italien sind die Fünf-Sterne-Bewegung und die Lega Nord manifest antieuropäisch. In den Niederlanden hat die nationalistische Partei des Geert Wilders schon angekündigt, ein »Nexit«-

Referendum zum Austritt aus der Europäischen Union zu starten. Im Ungarn des Viktor Orbán sind die proeuropäischen Kräfte derzeit ohne jede Chance. Polen wird prononciert nationalistisch regiert, in Tschechien dominieren nationalistisch-narzisstische Parteien, in der Slowakei wird kein einziger muslimischer Flüchtling aufgenommen. Es gärt in Europa. Das bedeutendste Projekt der neuzeitlichen europäischen Geschichte steht auf dem Spiel. Die Furien des Nationalismus sind wieder entfesselt. Neben den Furiengesängen von rechtsaußen erklingt von links das Lied, dass die undemokratische EU-Bürokratenclique unreformierbar sei. Die Zukunftsmusik, die einmal im Namen »Europa« steckte, wird ersetzt durch eine nihilistische Kakophonie.

Trotz alledem: Dieses Europa ist das Beste, was den Deutschen, den Franzosen und Italienern, den Österreichern und den Dänen, den Polen und Spaniern, den Tschechen und den Ungarn, den Flamen und Wallonen, den Niederländern und Griechen, den Schotten, den Basken, den Balten und Bayern in ihrer langen Geschichte passiert ist. Dieses Europa wurde gebaut aus überwundenen Erbfeindschaften, es ist die späte Verwirklichung so vieler alter Friedensschlüsse, die den Frieden dann doch nicht gebracht haben. Die Europäischen Verträge sind die Ehe- und Erbverträge ehemaliger Feinde. Dieses Europa ist ein welthistorisches Friedensprojekt. Mit zunehmendem zeitlichem Abstand zum Zweiten Weltkrieg gilt es allerdings immer mehr Europäern nicht als Errungenschaft, sondern als Selbstverständlichkeit. Aber das Selbstverständliche ist nicht selbstverständlich; ein Blick vor die Tore Europas, ein Blick in den Nahen und Mittleren Osten, zeigt, wie wenig selbstverständlich ein unkriegerischer Kontinent ist. Millionen von Menschen in kriegsverwüsteten Staaten haben Sehnsucht nach dieser Selbstverständlichkeit. Europa als Friedensstabilisator ist keine Reminiszenz, sondern eine Zukunftsnotwendigkeit. Dieses Europa ist die Vollendung der Französischen Revolution. Es ist der glänzendste Stern der Aufklärung, es ist ein Jahrtausendprojekt. Doch es wird nur dann funktionieren, wenn aus einem Binnenmarkt ein wirkliches Gemeinwesen wird; ein Gemeinwesen also, in dem die Interessen der Bürger nicht Abschreibungsmasse sind. Wenn die Bürger so behandelt werden, schreiben sie Europa ab.

Die Politik der Europäischen Union war und ist Experimentalpolitik, so wie die französische Revolutionspolitik einst Experimentalpolitik war. Die neue europäische Experimentalpolitik ist aber keine revolutionäre Experimentalpolitik, wie es die französische vor 225 Jahren gewesen ist. Sie ist eine wirtschaftsbürokratische Experimentalpolitik, die sich unpolitisch gab und gibt; das beschreibt ihren Fluch und ihren Segen. Der Segen trug bei zum Wohlstand und damit zum Zuspruch für dieses Europa; der Fluch begann, als der Wohlstand in den Südländern Europas einbrach. Diese wirtschaftsbürokratische Experimentalpolitik stellt ein durch den Fiskalpakt determiniertes Integrationsprogramm über alles und Wirtschaftsinteressen über das meiste. Das hat weniger mit europäischer Genetik, denn mit der Genese und Geschichte dieser Union zu tun, mit der Art also, wie sie sich entwickelt hat. Sie begann mit einer Gemeinschaft für Kohle und Stahl, sie begann mit einem gemeinsamen Markt, der nicht auf demokratische Legitimation angewiesen war, sondern sich, wie dies der frühere deutsche Verfassungsrichter Dieter Grimm sagt, durch seinen Nutzen legitimierte. Die Politik blieb Sache der Staaten, und die europäische Demokratie auf der Strecke. Daher leidet die Europapolitik heute an drei Dingen: Sie leidet erstens an zu wenig Demokratie. Sie leidet zweitens daran, dass sie unsozial ist. Und drittens fehlt ihr, deswegen, eine Marseillaise. Europa ist ein nüchternes Projekt geworden, man kann es nicht singen. Aus der europäischen Euphorie der Nachkriegszeit wurde europäische Lethargie.

Das muss sich ändern. Auch das hat Lichtenberg schon über die französische Revolutionspolitik geschrieben: »Ich kann freilich nicht sagen, ob es besser werden wird, wenn es anders wird; aber so viel kann ich sagen, es muß anders werden, wenn es gut werden soll.« Für heute heißt das: Europa braucht eine Reform an Haupt und Gliedern. Europa braucht eine Transformation. Europa braucht eine Vision. So eine Vision ist mehr als ein Antidepressivum; sie ist ein Elixier. Die Menschen müssen erfahren, erleben und erspüren, dass Europa ihr Leben leichter, nicht schwerer macht. Sie müssen erfahren, erleben und erspüren, dass Europa die Probleme anpackt, die ein einzelner Staat nicht mehr lösen kann. Und die Menschen müssen vor allem erfahren, erleben und erspüren, dass Europa nicht nur eine wirtschaftliche, sondern auch und vor allem eine soziale

Angelegenheit ist. So beginnt die Neu-Popularisierung Europas, so beginnt die Vision, so beginnt die Vermählung Europas mit der Zukunft.

***

Mit einer Vermählung hat Europas Zukunft einst begonnen: Europa muss man einfach lieben – das erfuhr bereits der Göttervater Zeus. Er verliebte sich rettungslos in die schöne phönizische Königstocher Europa und griff zu einer List, um sie für sich zu gewinnen: Er verwandelte sich in einen prächtigen Stier mit einem goldenen Fell und mischte sich unter die königliche Viehherde. So getarnt, gab er sich sanft und verführerisch und legte sich zu Europas Füßen nieder. Die begann, den Stier zu streicheln, schmückte ihn mit einem Blumenkranz und setzte sich auf den Rücken des Tiers. Da erhob sich der Stier und jagte Richtung Meer. Die schöne Europa klammerte sich an seine

Hörner und schwamm mit ihm durch die Fluten bis zur Insel Kreta. Dort verwandelte Zeus sich zurück und nahm die schöne Europa zur Gemahlin.

Ein neuerlicher Ritt auf dem Stier hat Europa beinahe um seine Zukunft gebracht. Die griechische Zweieuromünze trägt das Bild des Stiers, der im wilden Galopp mit Europa auf und davon reitet. Es ist eine böse Ironie der Geschichte, dass dieser Stier merkwürdige Ähnlichkeit mit dem Symbol der Börsen hat, mit jenem Bullen, der für die steigenden Kurse steht. Zeus hat einen Wiedergänger im ungezähmten Finanzkapitalismus, der Europa in die Fluten der Verschuldung gerissen hat. In Griechenland ist er an Land gekommen. Das Land, das noch nicht reif gewesen war für den Einstieg in den Euro, hat sich von ihm verführen lassen, eine Euromünze mit dem Abbild des Stiers darauf einzuführen. Die Verantwortlichen in der EU wussten, dass die Wirtschaftsdaten Griechenlands gefakt waren. Man achtete nicht darauf. Aber im Griechenland von heute hat sich der Stier am Ende nicht in einen schönen Jüngling verwandelt. Er hat nur seine friedliche Tarnung abgeschüttelt. Dann wurde die griechische Bevölkerung auf die Hörner genommen und die soziale Infrastruktur eingestampft. Die Matadore der Troika lenkten seinen Lauf durch die Arena.

Eingestampft wird das Gesundheitssystem: Krebskranke bleiben ohne Behandlung, Polio kehrt zurück, Diabetiker erblinden. Ärzte arbeiten ehrenamtlich, um das Schlimmste zu verhindern. Die EU-Troika hatte bestimmt, dass öffentliche Ausgaben für Gesundheit nicht mehr als sechs Prozent des Bruttosozialprodukts betragen dürfen. Die Zahl der Krankenhausbetten wurde reduziert. Es wurden keine neuen Ärzte mehr eingestellt. Krankheiten breiteten sich wieder stärker aus. Die Säuglingssterblichkeit nahm drastisch zu. Die Versorgung von Patienten, die nach einem Unfall oder einer Operation auf Blutkonserven angewiesen sind, war in Griechenland ohnehin seit Jahren schwierig; nun wurde sie desaströs. Die Bevölkerung büßt für die Schulden der Banken. Eingestampft wird das öffentliche Eigentum. Ob Häfen oder Flughäfen, Unternehmen der Strom- und Wasserversorgung, Telefongesellschaften – alles wird privatisiert auf Teufel komm raus, zum Teil verscherbelt ohne nachhaltigen wirtschaftlichen Nutzen. Die Phantasie mancher Politiker hierzulande machte nicht einmal davor halt, den Griechen den Verkauf einiger ihrer Inseln anzuraten.

Eingestampft wird die Demokratie – ausgerechnet in dem Land, das die Wiege der Demokratie war: Um die Rückzahlung der Schulden durchzusetzen, wurde Griechenland in eine Art Protektorat verwandelt. Es ist wiederum eine Ironie der Geschichte: Die Demokratie in Griechenland entstand einst, vor zweieinhalb Jahrtausenden, aus dem Aufstand der Bevölkerung gegen die Schuldenfalle, in die sie gedrängt worden war. Mit einem Schuldenerlass, mit einer Lastenabschüttelung, *seisachtheia* genannt, hatte damals der athenische Staatsmann Solon die blutige Revolte beendet. Die mit ihrem Leib haftenden Athener Schuldsklaven erhielten ihren Landbesitz zurück, und zwar auch jene Menschen, die bereits nach außerhalb Attikas verkauft worden waren; sie wurden nun ausgelöst. Solon verbot per Gesetz den Zugriff auf die Person eines zahlungsunfähigen Schuldners – auch für die Zukunft – und beseitigte so die Schuldknechtschaft auf Dauer. Die EU hat die Schuldknechtschaft wieder eingeführt, dieses Mal für die Griechen insgesamt. Aber heute rebellieren die Griechen nicht, sie resignieren eher; und sie emigrieren. Der Exportschlager Griechenlands ist das, was die Ökonomie »Humankapital« nennt. 430 000 Menschen haben seit Beginn der Krise ihre Heimat verlassen, vor allem die gut ausgebildeten. »Braindrain« heißt das, »Gehirnabfluss«. Man kann diesen Begriff auch auf die Politik anwenden, die diese Katastrophe fortsetzt. Ein Schuldenerlass, wie ihn mittlerweile sogar der Internationale Währungsfonds IWF fordert, wird vom deutschen Finanzminister Wolfgang Schäuble und anderen EU-Hardlinern kategorisch abgelehnt.

Die EU ist stolz auf die Freizügigkeit ihrer Bürger. Bisher ist es mit der Freizügigkeit in Europa aber so: Von Norden nach Süden reist man – in die Ferien, zur Erholung, zum Ausspannen, zum Genießen. Von Süden nach Norden migriert man – zum Arbeiten, um existieren zu können. Solange das so einseitig, so gegenläufig ist, so lange ist Europa keine runde Sache. So vermählt man Europa nicht mit der Zukunft. So findet Europa keine Liebhaber. Griechenland und die Staaten Südeuropas müssen geheilt werden von den Wunden, die der wild gewordene Stier dort angerichtet hat. Deutschland hat eine solche Heilung selbst erlebt durch einen Schuldenerlass nach dem Zweiten Weltkrieg. Mit über dreißig Milliarden Mark stand Deutschland, das Krieg, Mord und ungeheures Elend über Europa und die Welt gebracht hatte, in den fünfziger Jahren bei den ehemaligen Feinden in der Kreide. Die Schulden stammten noch aus dem Ersten Weltkrieg. Die Rettung brachte die Londoner Schuldenkonferenz 1952/53. Deutschland wurde die Hälfte seiner Schulden erlassen. Zudem verzichteten die Gläubigerstaaten auf alle nicht bezahlten Zinsen in Höhe von rund 20 Milliarden Mark. Das deutsche Wirtschaftswunder begann mit dieser Großzügigkeit – die nicht nur Großherzigkeit war, sondern ein Akt der wirtschaftlichen und politischen Weisheit, um Deutschland nicht zu isolieren und die Bevölkerung nicht zu demütigen.

***

Nicht nur Deutschland, ganz Europa war 1945 am Ende. Der Kontinent lag in Trümmern. Dann geschah etwas geschichtsmächtig Spektakuläres: Das »europäische Kleinstaatengerümpel«, wie Adolf Hitler es verächtlich genannt hatte, tat sich zusammen, es überwand die gut gepflegten Animositäten, den alten Nationalismus und die uralten Feindschaften. Es entstand erst die EWG, die Europäische Wirtschaftsgemeinschaft; es entstand dann die EG, die Europäische Gemeinschaft; es entstand schließlich die EU, die Europäische Union. Diese Union ist kein Staatenbund; sie ist auch kein Bundesstaat, sie ist etwas anderes, sie ist etwas Neues, sie ist eine singuläre supranationale Einheit, derzeit angesiedelt irgendwo zwischen einer internationalen Organisation und einem Bundesstaat. Sie ist ein Transitorium, sie ist ein sich veränderndes Projekt. Es gibt keinen staatsrechtlichen Begriff für diese Union, weil es so ein Gebilde in der Weltgeschichte noch nie gegeben hat. Nennen wir es nicht Gebilde, geben wir ihm den Namen, den es seit dreitausend Jahren hat: Nennen wir es Europa, nennen wir es Zukunft. Und ohne dieses Europa steht die Zukunft in Frieden auf dem Spiel. Das ist kein bloßer Spruch, das ist greifbar.

Während der Ukrainekrise von 2014 ist mir eine Kiste, eine Holztruhe, wieder eingefallen. An diese Truhe hatte ich schon lang nicht mehr gedacht. Sie stand einst im Zimmer meiner Großmutter – einer resoluten oberpfälzischen Bauersfrau, die fünfzehn Kinder geboren hatte, also einige Kinder mehr, als die Europäische Union in den ersten dreißig Jahren ihrer Existenz Mitgliedstaaten zählte. Großmutters wichtigste Erinnerungen waren in dieser Holztruhe verwahrt, auf welcher in Sütterlinschrift »Der Krieg« stand. Darin befanden sich Briefe, die ihre Söhne und Schwiegersöhne von allen Fronten des Zweiten Weltkriegs nach Hause geschrieben hatten. Einer der vielen Briefschreiber war Soldat in der deutschen 11. Armee unter General Erich von Manstein, die 1941/42 versuchte, Sewastopol auf der Krim zu erobern. Was würde Großmutter sagen, fragte ich mich bei der Erinnerung an die Kiste, was würde sie sagen, wenn sie noch lebte? »Schreib was, Bub«, würde sie sagen, »schreib was, dass es nicht wieder Krieg gibt.« Sie würde mir dann, wie so oft, nicht nur vom Zweiten, sondern auch vom Ersten Weltkrieg erzählen: Wie der Krieg auf einmal da war, vor über hundert Jahren, mitten im schönsten August. Und dann würde sie vom großen »Wunder« reden, das sie kaum glauben könne, wenn sie in die alte Kiste schaue. Man müsse dies Wunder hüten wie ein rohes Ei: das Wunder Europa nämlich.

In der Ukrainekrise hat sich gezeigt, wie nötig es ist, eine eigenständige und unabhängige EU-Außenpolitik zu entwickeln, die nicht bloß ein Annex der US-Freihandels- und Geopolitik ist. Europa und die USA sind nicht per se eine Wertegemeinschaft, und ihre Beziehung ist nicht per se eine Liebesbeziehung. »Fuck the EU«, rief die US-Diplomatin Victoria Jane Nuland im Februar 2014 ins Telefon; Nuland ist derzeit Assistant Secretary of State im US-Außenministerium und zuständig für Europa und Eurasien. Ihr abgehörtes Telefonat mit Geoffrey R. Pyatt, dem US-Botschafter in der Ukraine, war das Gegenteil einer Liebeserklärung an Europa. In der Ukraine-Politik divergieren die Interessen: Europa hat kein gesteigertes Interesse an Wirtschaftssanktionen gegen Russland, die vor allem dem europäischen Markt schaden, nicht aber dem US-amerikanischen. Auch in der Nahost-Politik divergieren die Interessen: Natürlich hat Europa ein Interesse an der Bekämpfung des Terrors, aber es hat kein Interesse an einem War on Terror, der Millionen Menschen die Heimat nimmt und in die Flucht über das Mittelmeer treibt.

»Unsere Emanzipierung von Amerika wird damit selbstverständlich und unabweisbar. Unsere Selbstbestimmung steht jedoch neben und nicht gegen Amerika.« So formulierte es Egon Bahr in einer seiner letzten Reden. »Kooperative Existenz« nannte er diese Verantwortungsgemeinschaft mit Washington und Moskau. Sicherheit in Europa kann es nicht in der Konfrontation mit Russland geben. Im Gegenteil könnte es Aufgabe Europas sein, eine Brücke des Vertrauens zwischen Ost und West zu schlagen, dafür zu sorgen, dass der Dialog nicht abbricht. Das schaffen die einzelnen europäischen Nationen nicht jede für sich. Mit Sicherheit gibt es nicht mehr Sicherheit in Europa und der Welt, wenn die europäischen Staaten in nationalen Außenpolitiken ihr Heil suchen. Die vielen Herde in der Welt, auf denen die seit Jahren angerührte Suppe der Gewalt überkocht, bedrohen auch Europa. Die Ankunft der Flüchtlinge empfinden viele Europäer nicht nur wegen ihrer Zahl als Bedrohung. Bedrohungsgefühle löst ihre Zuwanderung auch deswegen aus, weil man sich nicht mehr in dem Gefühl wiegen kann, Europa sei eine friedliche Insel im Meer der Gewalt.

Die terroristischen Anschläge, die nicht nur die europäischen Metropolen, sondern auch die fränkische Provinz treffen, haben die letzte Illusion darüber weggebombt, dass man die Gewalt draußen halten kann.

***

Das junge alte Europa ist bedroht wie nie in seiner noch kurzen Geschichte. Es wird bedroht nicht nur vom neuen alten Wahnsinn des Kalten Kriegs und von den Wahnsinnigen des sogenannten Islamischen Staats. Die große Gefahr ist der Wahn von innen. Die große Gefahr sind die neuen alten Nationalismen, die aus diesem Wissen um die Bedrohung entstanden sind. Sie wollen aus dem neuen Europa wieder das alte machen, es wieder zerstückeln und diese Stücke bewachen. Sie betrachten Europa als parzellierte Landkarte und stecken in die Felder ihre Fahnen und Namensschilder. »Take back control«, nennen sie das – und mit dieser Parole und mit falschen Statistiken haben die Brexit-Befürworter am 23. Juni 2016 die Volksabstimmung in Großbritannien gewonnen. Der Anti-Europäismus hier wie anderswo in Europa geht einher mit Hasskampagnen gegen Ausländer und Flüchtlinge, gegen Einwanderung und Migration; rassistische oder ausländerfeindliche Straftaten, sogenannte *hate crimes*, haben in Großbritannien im Jahr 2016 um 350 Prozent zugenommen. Die Anti-Europäer glauben, das Leben würde mit dem Ende des europäischen Projekts wieder einfacher, übersichtlicher und sicherer. In Großbritannien hatten diese Anti-Europäer, die letztlich Anti-Politiker sind, Erfolg.

Wir sollten Joseph Roths *Radetzkymarsch* wieder lesen. Im Vorwort zu seinem Roman führt der Herzenseuropäer Roth (geboren 1894 im galizischen Schtetl Brody, das zu Österreich-Ungarn gehörte, gestorben 1939 in Paris) bittere Klage über den Untergang des alten Europa im und nach dem

Ersten Weltkrieg: »Ein grausamer Wille der Geschichte hat mein altes Vaterland«, so schrieb er, »die österreichisch-ungarische Monarchie, zertrümmert. Ich habe es geliebt, dieses Vaterland, das mir erlaubte, ein Patriot und ein Weltbürger zugleich zu sein, ein Österreicher und ein Deutscher unter allen österreichischen Völkern. Ich habe die Tugenden und die Vorzüge dieses Vaterlands geliebt und ich liebe heute, da es verstorben und verloren ist, auch noch seine Fehler und Schwächen.«

Wie frohgemut, wie euphorisch wäre dieser Joseph Roth heute durch unser Europa gereist – zumindest vor der Flüchtlingskrise, zumindest bevor auf der Balkanroute wieder Stacheldrahtzäune gebaut wurden. Aus Trauer über den Untergang des alten Europa hat er sich damals in den Alkohol geflüchtet, er ist im Kummer ersoffen. Im Europa der EG und der EU hätte er jubiliert, er hätte getanzt in seinem Pariser Stammcafé, dem Café Tournon; und in den Monaten der Flüchtlingskrise hätte er wütend aufgeschrien. Er würde davor warnen, dieses Europa der EU zu zerstören, in dem doch sein altes Europa schon ganz neu und noch viel besser auferstanden war. Zwanzig Jahre lang, seit dem Inkrafttreten des Schengener Abkommens im Jahr 1995, konnten sich die Bürger dieses Kontinents so frei bewegen wie nie; nie gab es in Europa so wenig Schranken, Grenzen, Hemmnisse; Millionen von Urlaubern haben das in ihren Ferien auch im Wortsinne erfahren. Mehr denn je konnten die Menschen in diesem Europa das sein, was Joseph Roth sein wollte: Patriot und Weltbürger. Soll dieses Europa, kaum aufgeblüht, schon wieder verblühen?

Nationalisten werden die Leute genannt, die die Sehnsucht nach Europa für eine Krankheit halten und die zur Heilung von dieser Krankheit »Österreich zuerst«, »Ungarn zuerst«, »Frankreich zuerst« oder »Polen zuerst« rufen. Diese Rufer sind aber keine Nationalisten, sondern in Wahrheit

Anti-Nationalisten, weil sie ihrem Land die Zukunft nehmen. Europa ist ein anderes Wort für Zukunft; trotz alledem und alledem, trotz seiner Konstruktionsfehler, trotz seiner demokratischen und sozialen Defizite.

Indes: Dieses Europa hat die Nationen und ihre Menschen vor einem wild gewordenen Kapitalismus nicht geschützt, sondern sie ihm ausgeliefert; auch das erklärt den Zulauf, den die Anti-Europäer haben. Anders als Joseph Roth haben viel zu viele nichts von ihrem Weltbürgertum gespürt. Sie haben den Niedergang ihrer kleinen sozialen Welt erlebt, den Verfall ihrer Städte, das Wegbrechen der sozialen Sicherheit. Schön, wenn man ohne Grenzkontrollen reisen kann. Schlecht, wenn immer häufiger das Geld fehlt, solche Reisen zu unternehmen. Schön, wenn man nebenan die spanische Tapas-Bar, die griechische Taverne und die italienische Pizzeria hat. Schlecht, wenn man sich das Bier in der Eckkneipe kaum mehr leisten kann. Der Niedergang der britischen Industrie und die Aufblähung des Londoner Finanzplatzes, die Erosion der Mittelschicht, die wachsende Spaltung zwischen Arm und Reich in den europäischen Gesellschaften, die dramatische Jugendarbeitslosigkeit in den europäischen Südstaaten ist auch eine Folge dieser Politik. Sie war ein Fehler, sie war ein Verbrechen. Aber dieser Fehler beschreibt nicht das Projekt Europa, er beschreibt seine Irrwege und Abgründe.

Trotz alledem und alledem: Europa ist etwas anderes als die Summe seiner Fehler. Das Europa, das aus dieser Union werden kann, ist der letzte Sinn einer unendlich verworrenen europäischen Geschichte. »EU« ist das Kürzel für das goldene Zeitalter der europäischen Historie. Man schreibt das so hin, weil es wahr ist; man sagt das so, weil es einfach stimmt – aber man erschrickt beim Schreiben und beim Reden und beim Lesen, weil dieser Lobpreis so überhaupt nicht zur allgemeinen Stimmung passt, weil er übertönt wird vom Lamento furioso der Europaskeptiker, der Europagegner und Europahasser. Europa ist, nicht erst seit dem Brexit, aber seitdem noch mehr, zu einem geschundenen Wort geworden, zu einem Synonym für Krise. Es gibt so viele Krisen, die alle mit »Europa« verknüpft werden. Europa ist ein Krisenkontinent geworden: Da sind die Finanz- und Schuldenkrisen, da ist die Griechenlandkrise, die Eurokrise, die Flüchtlingskrise, da sind die Integrationskrisen, da ist die Brexit-Krise, das ist, ganz generell, eine europäische Sinnkrise. Aus dem Traum Europa ist, so scheint es, ein Alptraum geworden, etwas Zähes, Schweres, Graues. Man will nicht mehr hinein, man will hinaus – die Briten jedenfalls wollten es bei der Abstimmung am 23. Juni 2016. Es herrscht viel Tristesse in Europa und zu wenig Begeisterung.

»Die Europäische Union steckt in einer tiefen Krise, vermutlich der tiefsten in ihrer

Geschichte, das ist weitgehend unumstritten.« So oder so ähnlich beginnen Hunderte, so beginnen Tausende von aktuellen Texten; so oder so ähnlich sagen es Politiker und Publizisten; so oder so ähnlich empfinden es Millionen von Menschen in Europa. Das war schon vor dem Brexit so; aber dieser Brexit gilt nun als Indiz dafür, dass der Anfang vom Ende eingeleitet sein könnte. Wir alle in Europa, nicht nur die Engländer, haben es uns schon lange angewöhnt, an Europa zu mäkeln und darüber zu maulen, wie es Schüler über die Schule tun. Wir haben es uns angewöhnt, über die Bürokratie von Brüssel zu klagen, über die Demokratiedefizite, über den Wirrwarr der Richtlinien, über die Flüchtlingspolitik, über den Euro und die Rettungsschirme. Alle Klagen sind berechtigt. Aber: Wir haben verlernt, das Wunder zu sehen – die offenen Grenzen, die gemeinsame Währung, das gemeinsame europäische Gericht, die gemeinsamen Gesetze. Wir haben immer weniger das gesehen, was gut ist, wir haben immer mehr das gesehen, was schlecht läuft. Die europäische Politik, also die Politik des Europäischen Rats und die Politik der Europäischen Kommission, hat das Wunder verwundet; immer mehr Menschen in Europa haben nur noch die Wunden gespürt. Und wer mit den eigenen Wunden beschäftigt ist, ist selten bereit, sich um Verwundete von anderswo zu kümmern. Ein Teil der Ressentiments gegen die in Europa schutzsuchenden Menschen erklärt sich auch daher.

Es ist schwer, das europäische Große im politischen Alltag zu spüren – also in den Querelen um den Euro, in der sich dahinziehenden Finanzkrise, im Ärger über die sogenannten Eurokraten in Brüssel, deren echte und die angebliche Regelungswut, und in den elenden Streitigkeiten der Flüchtlingskrise. Die EU ist derzeit nicht einmal wirklich Wirtschaftsgemeinschaft, weil sie nicht nur nach außen, sondern auch nach innen auf Konkurrenz ausgerichtet ist. Die

Nationalstaaten dieser Wirtschaftsgemeinschaft sind zuvörderst Wettbewerber, nicht Partner; das ist destruktiv. Die europäische Emphase, die es einmal gab, wurde und wird im Alltag zerrieben von den wirtschaftlichen Sorgen und sozialen Ängsten der Bürger; die Menschen haben Angst vor dem Terror und vor der Globalisierung, vor dem Gefühl, dass sich ihr Leben rasend schnell verändert; und auf die Angst antworten viele Europapolitiker mit dem großen Lobpreis Europas als Friedens- und Zukunftsprojekt. Aber immer mehr Menschen glauben das nicht mehr – wenn und solange sie diese EU nur als Nutzgemeinschaft für die Wirtschaft und die Finanzindustrie, aber nicht als Schutzgemeinschaft für die Bürger erleben. Europa muss Heimat werden für die Menschen. Das geht nicht mit Geschwurbel, das geht nur mit handfester demokratischer und sozialer Politik.

Im Wirtschafts- und Euro-Europa gerät die soziale Sicherheit immer mehr unter die Räder. Wenn es dieses Gefühl gibt, und es gibt dieses Gefühl und es gibt diese Realität, dann reicht es nicht, von den Bürgern Dankbarkeit zu verlangen dafür, dass die Europäische Union existiert. Europa braucht nicht nur Verträge und eine einheitliche Währung, es braucht auch das Vertrauen seiner Bürger. Die Bürger wissen immer weniger, warum sie Europa wollen sollen. Man sagt ihnen, dass allein Europa ein potenter Spieler auf der Weltbühne sein könne – und das stimmt –, aber sie spüren diese Potenz nicht. Das muss sich ändern. Europa braucht eine Transnationalisierung der Demokratie; und es braucht eine Transnationalisierung der sozialstaatlichen Grundgarantien. Demokratie und Sozialstaat gehören zusammen.

Früher befragten die Griechen das Orakel von Delphi. Heute befragt Europa die Finanzmärkte. Man kann streiten, was besser ist. Die Kommunikation mit dem Orakel war jedenfalls einfacher. Es hatte einen einzigen Ort, und es gab eine einzige Person, die es verkörperte. Der Ort lag an den Hängen des Parnass, und die Person hieß Pythia. Das Orakel war also greifbar. Und als es sich spreizte, zog Alexander der Große es an den Haaren in den Tempel. Am Eingang befand sich eine Inschrift; sie war der Schlüssel für alle Fragen: »Erkenne dich selbst!« Möglichkeiten zur Selbsterkenntnis hatte und hat Europa in der Griechenland-, Italien-, Portugal- und schließlich der Flüchtlingskrise wie nie zuvor: Diese Krisen offenbaren auch eine Institutionenkrise, eine Krise der Demokratie. Die Parlamente sind nicht die Bettler unter dem europäischen Tisch, die darauf warten müssen, dass Krümel vom Tisch des Rates herunterfallen; sie dürfen von der EU-Politik nicht in diese Rolle gedrängt werden. Es geht um das Vertrauen in den demokratischen Prozess: Die Wertschöpfungsanlagen für dieses Vertrauen sind die Parlamente. Die Parlamente werden in der medialen Öffentlichkeit allzu oft als Ort des Streits diskreditiert. Wo sonst aber soll über Europa gestritten werden? In der großen Finanz- und Eurokrise gibt es einerseits die berechtigte Klage über eine kastrierte Demokratie, andererseits eine Sehnsucht nach Regierungshelden, die gordische Knoten mit einem Schlag zerhauen. Aber am autokratischen Wesen von zwei oder drei Regierungschefs wird Europa nicht genesen. Wer ständig eine Ruck-Zuck-Politik fordert, darf sich nicht wundern, wenn ruck, zuck die Demokratie verdirbt

***

Die hängenden Gärten der Semiramis; der Koloss von Rhodos; das Grab des Königs Mausolos; der Leuchtturm auf der Insel Pharos; die Pyramiden von Gizeh; der Tempel der Artemis in Ephesos, die Zeusstatue von Olympia. Das waren die Weltwunder des Altertums. Ein Weltwunder der Neuzeit ist die demokratische Versammlung der Europäerinnen und Europäer, ein Weltwunder der Neuzeit ist das Europäische Parlament; es ist die weltweit einzige direkt gewählte supranationale Institution; eine solche Versammlung hat es in der Weltgeschichte noch nicht gegeben. Es ist ein Parlament, in dem kluge Köpfe sitzen, in dem geistreich debattiert wird, in dem die Kunst der vielsprachigen, aber klaren und kurzen Rede herrscht, ein Parlament, in dessen Gesichtern sich das Gesicht Europas findet. Die Europäer sollten diese Debatten in Liveübertragungen erleben dürfen. Dafür gibt es Fernsehsender wie Arte und Euronews. Dann könnte man sehen, wie die Parlamentarier mit den Kommissaren aus Brüssel und ihren Apparaten, wie sie mit dem EU-Ministerrat ringen, wie sie klagen und hoffen, wie sie resignieren und beschwören, wie sie sich eloquent weigern, ein kaltes Europa des Freihandels und des Geldes zu akzeptieren.

Dieses Europaparlament ist aber zugleich

das einzige demokratische Parlament weltweit, das unablässig an Zustimmung verliert. Es ist ein makabres Weltwunder. Seit der ersten Europawahl von 1979 nimmt die Wahlbeteiligung ständig ab, in Deutschland war es 2014 zum ersten Mal wieder anders – vielleicht deswegen, weil die Sozialdemokraten und Sozialisten einen deutschen Spitzenkandidaten hatten und dieser Spitzenkandidat im Wahlkampf auch besonders herausgestellt wurde. Es ist schon ein europäisches Paradoxon: Je wichtiger dieses Parlament geworden ist, und es ist wirklich wichtiger geworden (wenn auch noch immer nicht wichtig genug), umso weniger wichtig wird es von den Europäern genommen. In dem Maß, in dem das Parlament an Einfluss gewonnen hat, hat es seine Basis verloren. Deshalb ist die Mobilisierung von Vertrauen in eine bessere, in eine geläuterte EU so wichtig: Europa muss sozial, bürgernah, menschlich werden.

Was kommt heraus, wenn sich über zwei

Dutzend mehr oder weniger gut funktionierende parlamentarische Demokratien zusammentun? Ginge es zu wie in der Mathematik, dann müsste eigentlich eine leidlich funktionierende große Demokratie herauskommen. Europa addiert sich aber nicht nach den Gesetzen von Adam Riese. Die große Addition hat bisher nicht zu einem Mehr, sondern zu einem Weniger an Demokratie geführt. Die Parlamente in den Mitgliedstaaten sind partiell entmächtigt, das Europaparlament aber ist noch nicht wirklich ermächtigt worden. Die eigentliche Macht in der EU hat der von den nationalen Regierungen beschickte Rat, daneben steht die mit dem Rat oft konkurrierende EU-Kommission. Dieser europäischen Exekutive in Brüssel und der europäischen Judikative in Luxemburg fehlt das politisch-parlamentarische Korrektiv; die Gewaltenteilung in Europa hinkt gewaltig. Das einzige durch Wahlen wirklich umfassend und respektabel demokratisch legitimierte europäische Organ, das EU-Parlament, ist, trotz allerlei neuer Kompetenzen, an Befugnissen immer noch das schwächste. Es gibt Staatsrechtler und Europaexperten, die behaupten, dass sich das Defizit durch eine Reform der europäischen Institutionen nicht beheben lasse. Das ist ein Ausdruck von Kleinmütigkeit, Mutlosigkeit und Resignation. Europa soll zu demokratischer Klarheit und Wahrheit nicht fähig sein? Wer das sagt, verachtet die Kraft und die Intelligenz einer jungen europäisch aufgewachsenen Generation; es ist überheblich, so zu tun, als sei die politische Phantasie mit den zwei ersten Nachkriegsgenerationen erloschen; und es ist destruktiv, so zu tun, als seien die Fehler, die beim Aufbau eines vereinten Europas gemacht worden sind, unabänderlich; es ist fatal, so zu tun, als hätten die offene Marktwirtschaft und der absolute Vorrang des Wettbewerbsprinzips eine Ewigkeitsgarantie. Europäische Integration besteht nicht darin, ihre Fehler zu betonieren.

Es ist gewiss nicht einfach, aber auch nicht unmöglich, die EU-Kommission zu einer europäischen Regierung umzubauen; sie muss weg davon, die Nationalstaaten zu repräsentieren; sie muss hin zu einer Regierung, die die politischen Mehrheitsverhältnisse in der EU widerspiegelt. Es ist gewiss nicht einfach, aber auch nicht unmöglich, diese Kommission dann erstens unter die Kontrolle eines umfassend ermächtigten Europaparlaments zu stellen sowie zweitens unter die Kontrolle einer zweiten Kammer, die aus Vertretern der nationalen Regierungen besteht. Es ist auch gewiss nicht einfach, aber ganz gewiss nicht unmöglich, die Ermächtigung des Europäischen Parlaments mit einem einheitlichen europäischen Wahlgesetz zu beginnen, das dann an die Stelle der bisherigen nationalen Europawahlgesetze tritt.

Das Europäische Parlament braucht nicht nur Kompetenzen, es braucht Repräsentativität: Die Europawahlen müssen aus den nationalen Kontexten herausgelöst, sie müssen europäisiert werden. Das Europäische Parlament ist ja nicht mehr, wie früher, die Vertretung der Völker, sondern die Vertretung der Bürger der Mitgliedstaaten. Das Wahlrecht hat dies noch nicht nachvollzogen, die Abgeordneten des Parlaments werden immer noch nach den nationalen Wahlrechten gewählt. Solange die europäischen Repräsentanten sich nur gegenüber den Wählern ihrer Heimatländer verantworten müssen, bestimmen nationale Befindlichkeiten, nationale Egoismen, nationale Taktiken und kurzatmige nationale innenpolitische Themen ihre Agenda – nicht aber das europäische Gemeinwohl. Europa braucht ein einheitliches europäisches Wahlrecht; und es braucht europäische Parteien. Die europäischen Parteien treten derzeit nur als Fraktionen im Europäischen Parlament auf. Sie müssen heraus aus diesem Gehege, sie müssen sichtbar werden, sie müssen neben die nationalen Parteien treten.

Das Europäische Parlament mag einem manchmal noch so vorkommen wie die deutschen Parlamente im 19. Jahrhundert, in monarchischen Zeiten. Aber dieser Ist-Zustand ist nicht das Ende der Geschichte. In Deutschland hat freilich das Bundesverfassungsgericht, das sich ansonsten auf kluge Weise damit hervorgetan hat, die Rechte des Parlaments zu verteidigen, das Europaparlament in zwei Entscheidungen regelrecht verspottet. Karlsruhe hat sowohl die ursprüngliche Fünfprozentklausel als auch die dann eingeführte Dreiprozentklausel für die Europawahl in Deutschland verworfen. Eigentlich, so sagten die Richter, seien solche Klauseln ja durchaus sinnvoll und wichtig, um die Funktionsfähigkeit eines Parlaments zu sichern. Aber das Europaparlament sei halt nun einmal noch kein richtiges Parlament; es sei, verglichen mit dem Bundestag, schwach an Rechten. Und weil es ohnehin schwach sei, dürfe man es, so die Folgerung der Richter, noch weiter schwächen.

Anders gesagt: Wenn es ums Europaparlament geht, sei eh schon alles egal; es komme dort, in diesem vermeintlichen europäischen Durcheinander, auf noch ein paar Kleinst- und Splitterparteien mehr auch nicht an. Bei so einer Begründung kann man nur sagen: Danke, liebes Verfassungsgericht, für eine solche Stärkung der europäischen Demokratie! Konsequenterweise müssten die Richter, wenn Europawahl und Europaparlament reformiert werden, die Sperrklausel wieder einführen.

Es existiert eine seltsame Bewusstseinsspaltung in Karlsruhe: Die Sensibilität, die das Verfassungsgericht auszeichnet, wenn es um den Bundestag geht, verliert eben dieses Verfassungsgericht dann, wenn es über das Europaparlament urteilt. Karlsruhe liegt von Straßburg, einem der zwei Sitze des EU-Parlaments, nur 68 Kilometer Luftlinie und 85 Straßenkilometer entfernt. Aber das Verständnis für dieses Parlament bewegt sich beim Verfassungsgericht im umgekehrt proportionalen Verhältnis zu dieser Nähe. Das Verfassungsgericht verkennt die europäischen Realitäten; es verkennt die Strukturen und die Schwierigkeiten der Entscheidungsfindung im EU-Parlament; es verkennt die europäischen Notwendigkeiten; es verkennt die Komplexität des Regierens in Europa und die Notwendigkeit, das Europaparlament so zu stärken, wie es dies beim Bundestag immer wieder tut. Für den deutschen Bundestag engagiert sich das Gericht in Karlsruhe als Gebrechlichkeitspfleger. Für das EU-Parlament in Straßburg und Brüssel gibt das Gericht in Karlsruhe den Gebrechlichkeitsverspotter. Solche höchstrichterlichen Verspottungsaktionen arbeiten den Europaverächtern in die Hände.

Aber selbst umfassende institutionelle und strukturelle Reformen, selbst eine umfassende Ermächtigung des EU-Parlaments, so befürchten etliche europaresignierte Staatsrechtler, brächten die Demokratie in Europa nicht entscheidend voran. Und warum nicht? Weil es, so heißt es, wegen der Sprachprobleme »keine europäische Öffentlichkeit«, »keinen europäischen öffentlichen Diskurs« und »kein europäisches Staatsvolk« gebe. Europa würde, wenn das stimmte, an einem demokratischen Materialfehler leiden: Die Bürger und die Völker in Europa wären nicht so, wie das angeblich für eine europäische Demokratie notwendig ist. Diese Kritiker monieren sozusagen ein genetisches Defizit. Indes: Wer als Eintrittsvoraussetzung in ein demokratisches Europa eine einheitliche Sprache und ein einheitliches Staatsvolk verlangt, der denkt in den Kategorien der Staatsrechtslehre des 19. Jahrhunderts. 1878 hat der nach Deutschland emigrierte Züricher Rechtswissenschaftler und Politiker Johann Caspar Bluntschli in seiner programmatischen Schrift über »Die Organisation des europäischen Staatenvereins« geschrieben: »Eine Staatseinheit ohne Volk ist ein Widerspruch in sich. Da es kein europäisches Volk gibt, kann es auch keinen Staat geben, der Europa heißt.« Kann es sein, dass die Phantasie der Staatsrechtler von heute im Jahr 1878, beim Nationalstaat also, stehengeblieben ist? Setzt die moderne Demokratie ein Staatsvolk, möglichst homogen bitteschön, voraus? Wenn dies so wäre, dann wäre Demokratie oberhalb des Nationalstaates nicht möglich – dann müsste sich Europa tatsächlich erst in einen Nationalstaat verwandeln.

Verlangt europäische Demokratie die Erschaffung eines europäischen Staatsvolks, einer neuen Nation? Es ist seltsam, dass nach Jahrzehnten intensiver Demokratiediskussion Derartiges immer noch vertreten wird. Demokratie als Herkunftsgemeinschaft – gemeinsame Sprache, gemeinsame Kultur, gemeinsames Blut womöglich? Demokratie ist nicht die Herrschaft einer homogenen Gruppe über die, die nicht dazugehören. Demokratie ist nicht die Herrschaft eines Kollektivs namens Staatsvolk, sondern Selbstbestimmung von Menschen. Demokratie ist eine Gemeinschaft, die ihre gemeinsame Zukunft miteinander gestaltet. Dass dies auch dann funktioniert, wenn nicht alle Bürgerinnen und Bürger die gleiche Sprache sprechen, zeigt sich – im Kleinen – in der Schweiz und – im Großen – in den USA.

Im Übrigen: Zumindest einmal alle fünf Jahre wird deutlich, dass die »Sprachbarriere« womöglich ein vorgeschobenes Argument ist. Mindestens einmal alle fünf Jahre kann man nämlich feststellen, dass es trotz aller Sprachprobleme in Europa eine »europäische Öffentlichkeit« und einen »europäischen Diskurs«, ja vielleicht sogar ein (wenn auch aus gut nachvollziehbaren Gründen noch eher unwilliges) europäisches Volk gibt. Dieser Tag der vorübergehenden Erkenntnis ist der Tag nach der Wahl des Europaparlaments. Und die Hoffnung für Europa manifestiert sich in diesem Moment ausgerechnet in dem großen Lamento, das dann von Helsinki bis Palermo über die niedrige Wahlbeteiligung angestimmt wird.

Aber es ist wohl so, dass das Gros der Wahlberechtigten von den eingeschränkten Kompetenzen des Europaparlaments so wenig weiß wie von den schon hinzugewonnenen. Es gibt indes ein Gespür der Bürger dafür, wo in Europa die Musik spielt und wer den Taktstock schwingt: Das Parlament ist es noch nicht. Daher werden die Europawahlen nicht als Chance der Bürger zur Partizipation und zur Mitgestaltung der europäischen Zukunft anerkannt. Wenn aus Anlass schlechter Wahlbeteiligung über solche Defizite europaweit debattiert werden kann, dann muss es auch gelingen, europaweit über die Beseitigung solcher Defizite zu diskutieren. Die Europawahl ist ein Spiegel: Er zeigt das europäische Bewusstsein, so wie es ist – nicht so, wie man es gern hätte. Wenn das, was er zeigt, nicht gefällt, ist nicht der Spiegel schuld. Es ist nicht der Spiegel fehlerhaft, wenn er Fehler widerspiegelt. Ein

Fehler wäre es, den Fehler nicht zur Kenntnis zu nehmen. Gut ist es, ihn zu beheben. Die schwache Wahlbeteiligung zeigt: Dieses Europa ist noch nicht das Europa der Bürger. Es ist ein Europa der Eliten. Die Unionsbürgerschaft ist nicht nur in Deutschland eher eine juristische Fiktion, denn eine gefühlte Realität. Das Bewusstsein der EU-Eliten in Brüssel und Straßburg schwebt weit über dem der normalen EU-Bürger. Die Elite ist euroglott; der Durchschnittseuropäer ist es noch nicht. Die derzeitige EU-Regierungsform ist ein fürsorglicher Brüsseler Elitizismus. Dessen Beliebtheit ist an der Wahlbeteiligung abzulesen.

Es gibt keine europäische Öffentlichkeit? Es gibt sie. Sie zeigt sich, sie demonstriert, sie protestiert. Im Jahr 2004 häuften sich in den Hauptstädten Europas die Proteste gegen den Sozialabbau. Vordergründig war die Protestbewegung gegen Sozialabbau eine negative Bewegung, weil sie nur abzulehnen schien. Doch durch das »Nein« schimmerte mehr hindurch: die Suche nach anderen Leitlinien der Politik. Europaweit forderten Demonstranten von ihren Regierungen, in einer globalisierten Welt für ein gewisses Maß an ökonomischem Anstand zu sorgen. Das war nicht unbillig, das ist nicht unbillig, das gehört zum inneren Frieden. Und die Sorge darum gehört zu den Grundaufgaben der Staaten und der Europäischen Union. Die Menschen gehen nicht auf Distanz zur Politik – sie gehen auf die Straße; das ist etwas anderes. Sie entfernen sich nicht von der Politik, sondern versuchen, diese Politik zu verändern. Auf den Straßen von Berlin, Rom und Paris sammelte sich damals nicht nur der Protest gegen die sogenannten Reformen. Hier konstituierte sich die europäische Öffentlichkeit. Es war dies der zweite Akt ihrer Konstituierung: Der erste hatte schon ein Jahr vorher stattgefunden, bei den Massendemonstrationen gegen den Irakkrieg der USA. Damals ging es um die Grundfragen der europäischen Außenpolitik. Dann ging es um die Grundfragen der Wirtschafts- und Sozialpolitik – aber die europäische Politik wollte das nicht begreifen. Derzeit streitet die europäische Öffentlichkeit über und gegen TTIP und Ceta, über und gegen die Freihandelsabkommen der EU mit den USA und mit Kanada; europaweit wird dagegen demonstriert. Das ist der dritte Akt einer Konstituierung der europäischen Öffentlichkeit.

Diese Handels- und Wirtschaftsabkommen sind Wirtschaftsgrundgesetze der Superlative; sie sind Wirtschaftsverfassungen, die tief eingreifen in die Politik- und Sozialkulturen der beteiligten Länder und Gesellschaften – also in die Verfassung der Menschen. Die geplanten Abkommen wecken bei den einen gewaltige Hoffnungen, bei den anderen, und es werden zumal in Deutschland immer mehr, wecken sie gewaltige Befürchtungen. Es geht bei Ceta und TTIP nicht nur um Wirtschaft und den Abbau von Handelshemmnissen, sondern um Grundfragen von Rechtsstaatlichkeit und Demokratie, um Weichenstellungen, die weit in die Zukunft reichen. Das TTIP-Abkommen ist als *living agreement* geplant, als Abkommen, das von Expertenausschüssen fortentwickelt werden soll; solche Ausschüsse sollen auch verhindern, dass nationale Gesetze erlassen werden, die im Widerspruch zum Freihandelsabkommen stehen. Man nennt das regulatorische Kooperation. Die Gegner fürchten, dass diese Abkommen das neoliberale Evangelium fort- und festschreiben. Das ist der Kern der Proteste.

Die europäische Öffentlichkeit hatte und hat bei den genannten Protesten keine goldenen Füllfederhalter dabei, um eine Charta oder eine Verfassung zu unterschreiben; sie trug stattdessen Plakate und Transparente. Diese Öffentlichkeit gab keine diplomatischen Erklärungen ab; sie rief stattdessen ihre Parolen. Sie sprach nicht die gleiche Sprache; aber sie brauchte keine Übersetzer, denn ihre Botschaft und ihre Forderungen waren überall zu verstehen. Sie wehrte sich gegen eine Reformpolitik, die sie für einseitig und ungerecht hielt und daher als »Sozialkahlschlag« beschrieb. Sie klagte gegen eine radikale Ökonomisierung der Politik und des öffentlichen Lebens. Sie artikulierte Unbehagen und Angst vor einem Kapitalismus, der Arbeitsplätze auffrisst und die Gesellschaft zerreißt.

Die Europäische Union hat an Größe gewonnen, aber nicht an Stärke. An Stärke gewannen stattdessen, fast überall in Europa, die europafeindlichen Rechtsaußen-Parteien. Sie sind die veruntreuenden Erben der unerhörten Proteste. Und diese Rechtsaußen-Parteien sind die Heiratsschwindler bei der Vermählung Europas mit der Zukunft.

Die offizielle Sprache Europas ist nicht Englisch, nicht Französisch, nicht Deutsch; die offizielle Sprache ist auch nicht die eloquente Vielsprachigkeit. Die offizielle Sprache im EU-Europa ist ein Bürokraten- und Wirtschaftsesperanto, das aber die allermeisten Menschen nicht verstehen. Das EU-Europa spricht die falsche Sprache. Es ist eine herzlose Sprache. Die Hauptwörter dieser Herrschaftssprache sind Wörter wie »Finanzstabilisierungsfazilität«, »Nichtbeistands-Klausel« und »Kreditvergabekapazität«. Diese EU-Herrschaftssprache spricht oft von »Effizienz« und von »Wettbewerbsfähigkeit«; sie fordert »Strukturreformen« und »Deregulierungsschübe«. Es ist eine robot-ökonomische Sprache. Es ist die Sprache des Binnenmarktes. »In einen Binnenmarkt kann man sich nicht verlieben«, hat der frühere EU-Kommissionspräsident Jacques Delors einmal gesagt; und dafür sorgt schon die Sprache, die dieser Binnenmarkt spricht.

Diese Sprache ist auf Europa gefallen wie der Ascheregen auf Pompeji im Jahr 79 nach Christus. Die 700-jährige Geschichte Pompejis und seiner Nachbarstädte Herculaneum, Stabiae und Oplontis endete damals, und ihre Ruinen versanken in der Vergessenheit. Es dauerte dann fast 1700 Jahre, bis diese Städte als Stätten der Archäologie wieder entdeckt, ausgegraben und erforscht wurden. Soll Europa zu einem archäologischen Projekt werden? Es ist kein Naturereignis, das das Wunder bedroht; es ist kein unbarmherziges Schicksal, das zuschlägt. Es sind vor allem die eigenen Fehler, die dieses Europa zu ersticken drohen; Europa muss freigeschaufelt werden vom Geröll des Neoliberalismus.

Bei dieser Schaufelei wird sich eine europäische Institution ganz besonders hervortun müssen: der Europäische Gerichtshof in Luxemburg. Das Bürokraten- und Wirtschaftsesperanto, das die EU-Elite spricht und das Ausdruck ihrer Politik ist, kommt ja nicht von ungefähr: Diese Herrschaftssprache hat einen Grund, dem sie entspringt. Diesen Grund hat der Europäische Gerichtshof geschaffen. Er hat, in zwei Urteilen von 1963 und 1964, das Gemeinschaftsrecht der EU, das ganz überwiegend Wirtschaftsrecht war und ist, konstitutionalisiert – das heißt, er hat die EU-Verträge, die ihrer Natur nach völkerrechtliche Verträge sind, zu einer Verfassung erklärt, die Vorrang hat vor dem nationalen Recht, auch Vorrang vor den nationalen Verfassungen. Das geschah in bester Absicht, weil die europäische Integration auf diese Weise vorangetrieben werden sollte. Aber auf diese Weise bekamen die Freihandels-, die Wirtschafts- und Wettbewerbsregeln einen absoluten Wert und wurden sakrosankt. Man muss sich einmal vorstellen, was aus Deutschland, aus Frankreich, aus Italien, was aus den europäischen rechtsstaatlichen Demokratien geworden wäre, wenn nicht ihre republikanischen Verfassungen das staatliche und gesellschaftliche Leben geprägt hätten, sondern wenn an deren Stelle das Handelsgesetzbuch und das Gesetz gegen Wettbewerbsbeschränkungen stehen würden. Eine soziale Marktwirtschaft hätte sich in Deutschland schwerlich entwickelt. Genau deshalb tut sich das Soziale in Europa so ungeheuer schwer. Die Regeln für freien Waren- und Kapitalverkehr haben für den Europäischen Gerichtshof Verfassungskraft. Das Europäische Projekt ist aus dieser Sicht kein Friedensprojekt und kein Bürgerprojekt – es ist eine Societas Europaea, ein Welthandelskonzern SE; das Problem dabei ist: Die Bewohner sind keine Euronen, sie sind Bürgerinnen und Bürger; sie sind auch keine Arbeiter und Angestellten dieses Superkonzerns; der rollt vielmehr wie eine Dampfwalze über sie hinweg.

Es ist schwer, den Europäischen Gerichtshof zum Halten und Umkehren zu bringen, weil er mit der Kraft der Unabhängigkeit arbeitet. Der Europäische Gerichtshof muss diese Kraft für neue Wege nutzen. Die Wegweiser sind noch klein, und schon wieder verbeult, aber es gibt sie: In Artikel 3 des Lissabon-Vertrages vom 1. Dezember 2009 ist nicht mehr nur von einem Europa die Rede, das auf Wirtschaftswachstum setzt und auf Preisstabilität. In diesem Artikel 3 klingt auch Neues an; da steht, dass die EU auf eine wettbewerbsfähige soziale Marktwirtschaft hinwirken soll, die auf Vollbeschäftigung und sozialen Fortschritt abzielt. Aber im AEUV, im Vertrag über die Arbeitsweise der Europäischen Union, der, wie der Lissabon-Vertrag, seit 1. Dezember 2009 in Kraft ist, wird das schon wieder zurückgenommen. In Artikel 119 heißt es dort, dass die Mitgliedstaaten »dem Grundsatz einer offenen Marktwirtschaft mit freiem Wettbewerb verpflichtet« sind; das Wort »sozial« ist gestrichen. Was gilt? In der Grundrechtecharta der EU sind ja sogar soziale Grundrechte aufgeführt, die im deutschen Grundgesetz nicht genannt werden – ein Recht auf gerechte und angemessene Arbeitsbedingungen zum Beispiel und ein Recht auf soziale Sicherheit und Unterstützung. Der Europäische Gerichtshof wird diese sozialen Grundrechte entfalten müssen.

Die Stärke Europas misst sich am Vertrauen, das die Bürger in dieses Europa setzen. Die Menschen in Europa wollen spüren, dass diese Europäische Union für sie da ist und nicht zuvörderst für die Banken und den internationalen Handel. Sie wollen unter Sicherheit nicht nur die innere, sondern auch die soziale Sicherheit verstanden wissen. Dann bekommt Europa neue Kraft. Der Europäische Gerichtshof kann ein Kraftspender werden.

Der Gerichtshof soll die Grundrechte der Bürger nicht schleifen, sondern stärken. Es gibt Anzeichen dafür, dass er das verstanden hat. Noch nicht bei den sozialen Grundrechten, aber sehr wohl bei den Persönlichkeitsrechten, beim Datenschutz, der in Artikel 8 der Europäischen Grundrechtecharta formuliert ist: »Jede Person hat das Recht auf Schutz der sie betreffenden personenbezogenen Daten«, heißt es dort. Dieser Datenschutz ist kein Klimbim der 68er, er ist Bürgerschutz im Informationszeitalter. Er schützt nicht einfach nur Daten, er schützt Bürger, auch an ihrem Arbeitsplatz. Der Europäische Gerichtshof in Luxemburg hat in jüngerer Zeit versucht, das zu realisieren: Er hat sich mit seinen drei großen Urteilen gegen die Vorratsdatenspeicherung (April 2014), gegen Google (Mai 2014) und gegen Facebook (Oktober 2015) zum ersten Mal als Hüter der Grundrechte der Bürger präsentiert. Aus einer noch vagen und schwammig formulierten Datenschutz-Grundverordnung kann mithilfe der Luxemburger Richter ein IT-Grundgesetz werden, ein einheitliches Datenschutzrecht für die Bürger Europas – ein Recht, das auch die großen Weltkonzerne ernst nehmen werden, weil es Sanktionen enthält, die spürbar sind, die mehr sind als Nadelstiche.

Wenn sich die Europäische Union als Raum des Rechts, der Sicherheit und der Freiheit definiert, dann bezieht sich das ja in erster Linie auf die Menschen, nicht auf die Kapitalmärkte. Europa solle doch bitte, so schrieb das Bundesverfassungsgericht im Jahr 2000 in seinem ersten Urteil zum deutschen Vorratsdatenspeicherungsgesetz (das die Umsetzung einer EU-Richtlinie war), bei seinen Bürgern kein »diffuses Gefühl des Beobachtetseins hervorrufen«. Genau diesem Gefühl wollten die Europarichter mit ihren drei Datenschutzurteilen entgegenarbeiten. Europa, das ist der Gehalt dieser Urteile, muss eine Wertegemeinschaft sein, deren Basis die Grundrechtecharta ist, zu der auch der Datenschutz gehört. Dieser Datenschutz ist keine abstrakte Angelegenheit von Leuten, die sich als Datenschützer wichtigmachen; er ist auch kein Gnadenrecht, sondern der Schutz der Menschen in der digitalen Welt.

Vom Datenschutz, vom IT-Grundrecht allein kann freilich der Mensch nicht leben. Er braucht sozialen Schutz, er braucht in Europa Schutz, Fürsorge und Förderung, wie sie die Sozialstaaten Europas den Bürgern in den Jahrzehnten nach dem Zweiten

Weltkrieg geben konnten. Wenn die sozialstaatlichen Ordnungen bröckeln, muss die Europäische Union versuchen, die Gesellschaften wieder zu stärken und zu stabilisieren. Es reicht nicht, den Bürgern zu sagen, dass in einer globalisierten Welt der Nationalstaat nicht gut bestehen kann; die Bürger müssen spüren, dass Europa ihnen guttut und hilft, die großen Lebensrisiken zu meistern. Die Sozialstaaten in Europa haben eine Erfolgsgeschichte hinter sich; diese Erfolgsgeschichte sieht in jedem EU-Staat ein wenig anders aus. Es sind dies Geschichten, die davon handeln, dass soziale Ungleichheit nicht gottgegeben war; es sind dies Geschichten, die davon handeln, wie Kinder aus armen Familien gefördert wurden, und zwar so, dass auch ein Junge aus dem Glasscherbenviertel deutscher Bundeskanzler werden konnte; es sind dies Geschichten, die davon handeln, dass Gesundheit keine Sache des Geldbeutels war. Sozialstaat – das war und ist die Geschichte des sozialen Ausgleichs.

Ohne eine Fortsetzung dieser Erfolgsgeschichten wird es keine europäische Einheit geben. Es müssen neue Geschichten geschrieben werden – Geschichten über Mädchen mit migrantischen Wurzeln, geboren in Berlin-Neukölln oder in Duisburg-Marxloh, die den Gerhard-Schröder-Weg gehen und Ministerin oder Kanzlerin werden können.

Integration muss anders definiert werden als bisher. Europäische Integration steht bislang für einen »immer engeren Zusammenschluss der europäischen Völker«. So heißt es in der Präambel des Vertrages über die Arbeitsweise der Europäischen Union, einem der Gründungsverträge der EU. Europäische Integration muss ein Wort dafür werden, dass sich die Bürger in Europa geborgen fühlen können.

In Spanien waren im Jahr 2014 Demonstranten wochenlang zu Fuß nach Madrid unterwegs, um den »sozialen Notstand« im Land anzuprangern. »Die Krise sollen die Banker zahlen« und »Brot, Arbeit und Wohnung für alle«, stand auf ihren Plakaten. Diese Forderungen sind richtig und gerecht. Es reicht nicht, wenn Europapolitiker mit Pathos von der Friedensgemeinschaft Europa reden. Es reicht nicht, wenn sie auf die große Reisefreiheit hinweisen, auf das Europa ohne Grenzen. Erst eine kluge und fürsorgliche Sozialpolitik macht aus der EU eine Heimat für die Menschen, die darin leben. Heimat – man darf dieses Wort nicht den Nationalisten, den Rechtspopulisten und Rechtsradikalen überlassen. Heimat muss man schützen, aber nicht mit Mauern und Stacheldraht; Heimat ist nicht Blut und Boden, Heimat ist nicht Retrolook. Heimat ist idealerweise so etwas wie ein Garten Eden. In diesem Garten bewegt man sich frei, ohne Angst, ohne Scham, man muss sich nicht rüsten, nicht verteidigen, sich nicht verstecken, dort kann man die Früchte seiner Arbeit genießen. Viele Menschen fühlen sich heute heimatlos; sie haben

Angst, fremd im eigenen Land zu werden. Das liegt aber nicht so sehr an den Fremden, die ins Land kommen. Es liegt daran, dass sie nicht mehr viel vom Garten Eden in ihrer Umgebung sehen; es liegt daran, dass vielen in einer Welt, die auf Beschleunigung, Flexibilität und Konkurrenz getrimmt ist, die innere Heimat abhandenkommt. Wo die Zukunft unübersichtlich wird, wo man Lebensorte nur noch als Standorte bezeichnet, da geht auch die Heimat verlustig. Es ist recht, darüber zornig zu werden. Aber es wäre gut, wenn aus dem Zorn nicht so viel Hass wüchse, sondern solidarischer Protest.

Die Menschen spüren, wenn das Reden vom Raum des Rechts, der Sicherheit und der Freiheit eine bloße Behauptung, wenn das ein Schwafelwort, wenn das eine Lüge ist. Europa muss ein anderes Wort sein für Demokratie, für Geborgenheit, für Heimat. Menschen, die sich beheimatet, geschützt und sicher fühlen, haben auch die Kraft, die Heimatlosen und Geflüchteten aufzunehmen. Sie haben dann die Kraft zur Humanität, die Kraft, selbst Schutz zu gewähren. Das Fluchtproblem ist nicht nur ein Problem der Jahre 2015, 2016 ff. Es ist das Problem des 21. Jahrhunderts. Es ist ein Problem, das viel größere Anstrengungen erfordern wird als die Stabilisierung des Euro. Es ist ein Problem, das nur dann gut angepackt werden kann, wenn es möglichst viel Einigkeit gibt, Einigkeit in Deutschland, Einigkeit in Europa, Einigkeit in der Weltgemeinschaft. Es geht um das Überleben von Millionen von Menschen. Man wird das 21. Jahrhundert, man wird Europa einmal daran messen, wie es mit den Flüchtlingen umgegangen ist. Man wird es daran messen, was es getan hat, um Staaten im Chaos wieder zu entchaotisieren. Man wird es daran messen, welche Anstrengungen unternommen wurden, um entheimateten Menschen ihre Heimat wiederzugeben.

Woher kann Europas neue Kraft kommen? Die neue Kraft kommt aus den Grundrechten, die auch in Europa Geltung erhalten. Die neue Kraft kommt aus einer sozialen Politik, die den Menschen Heimat gibt. Die neue Kraft kommt aus der Stärkung des Europäischen Parlaments als dem demokratischen Repräsentanten der Europäer. Dieses Parlament muss auch die Kompetenz haben, Europa ein soziales Gesicht zu geben. Auf so ein Europa freuen wir uns. Es ist dies die Heimat Europa.

***

Das Fundament des Europäischen Hauses steht nicht auf den Trümmern der Nationalstaaten. Wer die einzelnen Staaten zertrümmern will, um darauf Europa zu bauen; wer die Verfassungen und Grundgesetze zerreißen will, um an deren Stelle eine neue gemeinsame Verfassung zu schreiben – der hat von Europa wenig verstanden. Europa zerschlägt nichts, Europa zerreißt nichts; Europa fügt zusammen. Verfassungen sind nicht dafür da, die Verfassung der Menschen zu ruinieren; sie sollen Vertrauen schaffen. Europa ist eine neue *concordantia discordantium*, ein Werk, das ganz Verschiedenes, ja Widersprüchliches zur Übereinstimmung bringt. Europa ist ein demokratisches Projekt. Um es zu vollenden, braucht man keine Nacht- und Nebelaktionen, keine Notverordnungen an Parlament und Bürgern vorbei. Man braucht dazu die Menschen.

Europäische Häuser gab es schon einmal, Häuser ganz besonderer Art, heilige Häuser: Die Dome und Kathedralen waren einst die trigonometrischen Punkte Europas. Alle Kunst des Kontinents fand dort ihre Form, ihre Gestalt und ihre Heimat – in Brüssel und Barcelona, in Antwerpen und Straßburg, in Wien und in London, in Magdeburg und in Uppsala, in Aachen, Kuttenberg, Burgos und Klausenburg. Aus dem Namen der Baumeisterfamilie Parler, welche die Dome und Münster zwischen Freiburg und Prag gebaut hat, soll sich das Wort »Polier« entwickelt haben – so nennt man heute den Leiter einer Baustelle. Man wünscht sich, dass es Poliere ihres Geistes und ihrer Kunstfertigkeit auch beim Bau des Hauses Europa gibt. An den alten Kathedralen wurde lange gebaut, manchmal unvorstellbar lange; am Kölner Dom 632 Jahre. Die bisherige Bauzeit für das Haus Europa ist im Vergleich dazu ziemlich kurz; das Werk ist fortgeschritten, aber noch lang nicht fertig. Die Bauarbeiten stocken, die Bauleute sind unlustig, an der einen Stelle wird noch gebaut, an der anderen nur saniert, an anderen schon wieder abgebrochen. Und es gibt Befürchtungen, dass die Arbeiten bald ganz eingestellt werden müssen. Warum? Es liegt, wie immer, am Geld, und es liegt daran, dass das Haus Europa, anders als die Dome des Mittelalters, nicht mit Granit oder Marmor, sondern aus den Hoheitsrechten gebaut werden, welche die einzelnen Staaten liefern. Das deutsche Grundgesetz etwa, so sagen viele Verfassungsrechtler, verbiete weiteren Transport von deutschem Hoheitsmaterial – weil schon so viel davon nach Europa geschafft worden sei, dass es nun an die Kernbestände gehe. Das Grundgesetz behüte diese Kernbestände als unantastbar. Das Bundesverfassungsgericht müsse daher nun einen Lieferstopp vorschreiben. Ein solcher Lieferstopp hätte dann einen Baustopp für das Europäische Haus zur Folge, weil die Deutschen dessen wichtigste Bauherren sind. So ein Baustopp ist eine heikle und gefährliche Angelegenheit. Beim Dom zu Köln dauerte er einst 300 Jahre.

So einen Baustopp überlebt Europa nicht. Deutschland wird sich daher trauen müssen, was schon lang fällig ist: eine Volksabstimmung über Europa. Eine deutsche Volksabstimmung wäre die richtige Antwort auf den britischen Brexit. Abgestimmt werden sollte aber nicht über ein Ja oder Nein zur EU, sondern über ein konkretes Modell Europa mit konkreten politischen Zielsetzungen. Bedingung für eine solche beflügelnde Abstimmung ist eine kluge, intensive, lange und substanzielle öffentliche Debatte. Bei der Brexit-Abstimmung in Großbritannien war das nicht so, sie war ein innerbritisches Protestvotum; der Protest gegen soziale Missstände wurde zum einen von einer nur scheinbar europafreundlichen Regierung, zum anderen durch falsche Statistiken, Lügenpostings und mediale Manipulation auf Europa gelenkt. Premier David Cameron griff zur Brexit-Abstimmung, weil er sich der innerparteilichen Kritiker erwehren wollte; Cameron & Co. meinten, sie wüssten schon, dass sich die Mehrheit gegen den Brexit entscheiden würde. Die Briten wussten durchaus, dass sie nur gefragt wurden, weil man meinte, ihr Votum von vornherein zu kennen; vielleicht haben sie gerade dieses Spiel durchschaut.

Der Wahlkampf der britischen Europagegner war manipulativ, der Wahlkampf der Europabefürworter zumindest ungeschickt.

Die EU-Befürworter haben in Großbritannien zu sehr mit der Angst gearbeitet: Sie haben für den Fall des Brexit mit Jobverlust und sonstigen wirtschaftlichen Nachteilen gedroht. Die Landbevölkerung und die Bevölkerung in den heruntergekommenen Städten hatte aber womöglich das Gefühl, dass sie nichts mehr zu verlieren hat. Menschen, die sich schon als Verlierer betrachten, sprechen auf Angst nicht mehr an. Den Boden für Volksabstimmungen bereitet man auch nicht mit der Dampfwalze: Die erste, dann revidierte Antwort des EU-Kommissionspräsidenten Jean-Claude Juncker auf den Brexit war die Ankündigung, das Freihandelsabkommen TTIP einfach ohne die nationalen Parlamente in Kraft zu setzen. Auf einem Acker, den man so behandelt, wächst nichts Europafreundliches.

Auch mit der falschen Verpackung und falsch dargereicht bleibt eine Medizin eine Medizin; man muss sie besser einsetzen, zur richtigen Zeit und in richtiger Dosierung. Eine Volksabstimmung ist kein Allheilmittel, sie ist aber auch kein Gift. Wer in einer Demokratie das Volk, den Demos, befragen will, ist zunächst einmal kein Narr, sondern ein Demokrat. Aber Demokratie im EU-Rahmen ist ein wenig komplizierter als im nationalen Rahmen. Aus der einfachen Addition von Demokratien entsteht nun mal keine Superdemokratie, im Gegenteil: Die Erfahrung in der EU zeigt, dass beim bloßen Zusammenfügen von Demokratien unterm Strich weniger Demokratie herauskommt. Mit Volksabstimmungen verhält es sich ähnlich. Selbst 16 Volksabstimmungen in den Ländern der Eurozone, selbst 27 oder 28 Volksabstimmungen in den Staaten der EU bringen nicht automatisch einen europäischen Volkswillen zur Entfaltung – sondern nur einen jeweils nationalen. Es muss also geklärt werden, was geschieht, wenn Nationen sich unterschiedlich entscheiden. Es muss geklärt werden, ob es nationale Entscheidungen geben kann, die in die Rechte anderer Staaten eingreifen, ob es also Abstimmungen zu Lasten Dritter geben darf. Es muss geklärt werden, ob die Völker Europas damit einverstanden sind, dass sie künftig nicht als Angehörige einzelner Nationen, sondern als Teil des EU-Souveräns, als Bürger Europas, befragt werden – und dann in existenziellen Fragen Europas mit festzulegenden gesamteuropäischen Mehrheiten entscheiden.

Der Weg der – notwendigen! – Ablösung des einzelstaatlichen Souveräns durch einen gesamteuropäischen Souverän führt allerdings nur über nationale Abstimmungen. Zunächst muss in nationalen Referenden darüber entschieden werden, ob die bisher nationalstaatlich verfassten Demokratien in einer EU-Verfassung aufgehen dürfen. Und diese Verfassung muss dann so sein, dass sie die Verfassung der Bürger nicht ruiniert. Eine substanzielle Abgabe nationaler Souveränität, ohne die Europa nicht mehr leben kann, ist nur per Volksabstimmung möglich; solche Entscheidungen überschreiten die Möglichkeiten der Parlamente.

Der griechische Premier Georgios Papandreou hatte 2011 das richtige Grundgefühl, als er eine Volksabstimmung plante über die Ergebnisse des EU-Krisengipfels in Brüssel, über das Rettungspaket und die Griechenland auferlegten Spardiktate. Die Abgabe nationaler Souveränität, die sich in allen EU-Staaten löffel- und manchmal eimerweise vollzogen und die Möglichkeiten der Nationalverfassungen ausgeschöpft hat, wurde in Griechenland mit der Absaugpumpe bewerkstelligt: Das war der Preis, den Athen für die europäischen Milliarden entrichten musste. Griechenland bezahlt die Finanzhilfe mit seiner Souveränität. Es war daher nicht falsch, dass die Griechen damals gegen Merkel demonstrierten. Über die ungeheuren Sparprogramme in Griechenland hatten sie und der französische Präsident Nicolas Sarkozy in weit stärkerem Maß entschieden als Papandreou. Er, seine Regierung und sein Parlament waren und sind ausführende Organe von Entscheidungen, die an Griechenland, aber auch an den klassischen EU-Institutionen vorbei getroffen wurden. Neue Rettungszirkel haben in Geschäftsführung für die EU gehandelt.

Papandreou meinte damals, dass die besondere Situation eine besondere demokratische Legitimation brauchte, und damit hatte er recht. Ein Referendum ist in einem solchen Fall eigentlich ein sehr viel präziseres und weniger destabilisierendes Mittel als die Neuwahl, die das Problem der Ohnmacht und Abhängigkeit Griechenlands nur verschleiert hätte. Der französische Präsident Nicolas Sarkozy, die deutsche Kanzlerin Angela Merkel, EU-Kommissionspräsident José Manuel Barroso, Euro-Gruppenchef Jean-Claude Juncker, EU-Präsident Herman Van Rompuy und IWF-Chefin Christine Lagarde haben schließlich das griechische Referendum verhindert und sich im Gegenzug diverse Neuwahlen in Griechenland eingehandelt, schließlich einen linken Ministerpräsidenten namens Alexis Tsipras, der sich auch nicht mehr anders zu helfen wusste als mit einer (nun von Merkel & Co. akzeptierten) Volksabstimmung, deren Votum später kreativ uminterpretiert wurde. So frustriert man das Volk, so verhöhnt man seine Souveränität. Die Möglichkeiten der EU-Kabinettspolitik und der Finanznotverordnungen sind ausgereizt. Ohne Bürgervertrauen funktioniert europäische Integration nicht mehr; es ist die Geschäftsgrundlage für ein prosperierendes Europa.

Wenn man nach dem Brexit und nach den Pegida-Demonstrationen in deutschen Städten von »direkter Demokratie« spricht, laufen die meisten Politiker schreiend davon. Man kann das verstehen. Dieses eigentlich so sympathische Wort bleibt einem gelegentlich selbst im Halse stecken. Kann man, soll man die Demokratie, soll man Europa wirklich der Straße ausliefern, so lautet die

Frage, dieser Straße, den Pöbel-Slogans und dem Hass, der sich unter die Demonstranten mischt? Die Forderung, Volksbegehren und Volksentscheide auch auf Bundesebene einzuführen, hat es kaum je so schwer gehabt wie heute. Sollen Pöbelei und Aggression, so heißt es, die Zukunft der Demokratie sein? Vielleicht sind die Pöbeleien die Folge davon, dass das Volk zu selten gefragt wurde? Im Volk, das sich nicht gefragt fühlt, hat der Mob Gelegenheit, sich Stimme zu verschaffen.

Trotz alledem: Die Forderung nach Plebisziten auf Bundesebene war und ist richtig. Wäre sie 1993, als sie in Deutschland auf der politischen Tagesordnung stand, erfüllt worden – das Gefühl, dass »die da oben eh machen, was sie wollen«, hätte sich nicht so gefährlich ausbreiten können. Aus einer Politikverdrossenheit, die seit Langem grassiert, wäre keine partielle Politikverachtung geworden – die bis in die bürgerliche Mitte reicht und die durchaus auch bei Bürgern zu

Hause ist, die gegen Pegida demonstrieren. Als nach der deutschen Wiedervereinigung die große Kommission zur Überarbeitung des Grundgesetzes tagte, haben 266.319 Bürger und Bürgerinnen schriftlich bei dieser Kommission die Einführung sogenannter plebiszitärer Elemente gefordert; das war in der Zeit vor Facebook und Twitter sensationell viel. Die Mehrheitspolitik, die CDU/CSU von Kanzler Helmut Kohl, hat das damals abgewürgt. Das war ein Fehler.

Wie eine andere, eine bürgernahe EU aussehen könnte, das müsste das Thema aller Europawahlkämpfe sein. Die Europäische Bürgerinitiative, eingeführt vom Lissabon-Vertrag, kann Hoffnung wecken auf einen neuen demokratischen Aufbruch in Europa. Die institutionellen Hürden sind hoch, eine Million Bürgerinnen und Bürger in einem Viertel aller Mitgliedsländer müssen der Initiative zustimmen. Richtig zufrieden kann man mit der Europäischen Bürgerinitiative noch nicht sein – ihre Reichweite ist begrenzt auf Fragen, für die die EU-Kommission zuständig ist. Und diese Kommission, die einen demokratischen Legitimationstest kaum bestehen würde, entscheidet über die Zulässigkeit einer Gesetzesinitiative der Bürger. Da können zwei Millionen Bürger – wie bei der Initiative »Wasser ist Menschenrecht« – gegen die Privatisierung der Wasserversorgung antreten; und dann kann die Kommission diese Initiative trotzdem einfach wegwischen. Das ist nicht gut, dass ist nicht recht, das ist antidemokratisch.

***

Wir erleben die Geburtswehen einer neuen Entität, eines neuen Staates. Der europäische Staat kommt freilich nicht aus dem Nichts, er ist keine Creatio ex nihilo. Er ist der Höhepunkt der europäischen Geschichte: »Machten wir eine Bilanz unseres geistigen Besitzes auf, so würde sich herausstellen, dass das meiste davon nicht unserem jeweiligen Vaterland, sondern dem gemeinsamen europäischen Fundus entstammt. Vier Fünftel unserer inneren Habe sind europäisches Gemeingut« – so hat das der spanische Philosoph Ortega y Gasset beschrieben. Es gilt, aus dem Fundus ein Fundament zu machen.

Unsere innere Habe – was ist das? Wie wird sie greifbar? Mein Europa sind drei Möbelstücke. Sie sind sehr alt, sie gehören mir nicht, sie stehen nicht in meiner Wohnung. Es handelt sich um eine lange Bank, um einen grünen Tisch und um ein Konfekttischchen. Alle drei kann man im Alten Rathaus zu Regensburg besichtigen. Dieses Rathaus ist nicht irgendein altes Rathaus, es ist ein europäischer Ort. Hier wurden europäische Grenzen gezogen, hier wurde, als die Türken vor Wien standen, beraten, wie man der Gefahr Herr wird. Hier nämlich tagte eineinhalb Jahrhunderte lang, von 1663 bis 1806, der Immerwährende Reichstag. Der Immerwährende Reichstag war ein Kongress der Gesandten der Kurfürsten, der Fürsten und der Reichsstädte des Heiligen Römischen Reiches deutscher Nation, zu dem in seinen großen Zeiten das gesamte Gebiet des heutigen Mitteleuropa gehörte.

Die lange Bank, der grüne Tisch und das Konfekttischchen sind übrig geblieben aus der Zeit, als Regensburg das Zentrum von Kerneuropa war: Der Immerwährende Reichstag hat versucht, die Vielzahl der großen, kleinen und ganz kleinen Herrschaften des Alten Reiches zu koordinieren. Bis ein Gesetz verabschiedet war, musste man sich von Nassau-Usingen bis Kriechingen, von Köln bis Bopfingen unterreden; aber erst die Signatur des Kaisers in Wien verschaffte den Conclusa Geltung. Das Prozedere war umständlich, es war schwerfällig, es war föderal und partizipativ, es war europäisch à la Brüssel; und es nahm die Langsamkeit und die Mühseligkeit demokratischer Prozesse schon irgendwie vorweg.

Die drei Möbelstücke sind im Guten und Schlechten europäische Symbole. Der »Grüne Tisch« war das Tableau von Entscheidungen, die fern der Realität waren. Auf der »Langen Bank« saßen nicht nur die Gesandten; dort wurden auch die unerledigten Akten gelagert, die so lange weitergeschoben wurden, bis sie am anderen Ende herunterfielen. Und schließlich das Konfekttischlein: Dort durften sich die Gesandten und ihr Personal bedienen. Das alles hat etwas sympathisch Bescheidenes. Dieses Alt- und Kerneuropa protzte nicht. Und der alte Reichstagssaal ist so klein, wie das alte Reich groß war. Er ist meine Heimat Europa.

Wenn die Nationalismen in ganz Europa wieder Raum gewinnen – dann wird Europa zurückgeschoben in eine ungute Vergangenheit, in eine Viel- und Kleinstaaterei, in ein Nebeneinander und Gegeneinander. Das europäische Haus ist keine Reihenhaussiedlung. Es ist ein großes Haus mit vielen Räumen, vielen Türen, vielen Kulturen und vielen Arten von Menschen. Dieses Haus bewahrt die europäische Vielfalt und den Reichtum, der sich aus dieser Vielfalt ergibt. Dieses Haus ist die Heimat Europa. Dieses große Haus hat in seiner Geschichte viele Aus- und Anbauten bekommen. Bei so manchen Historikern und Politikern sieht aber das Haus Europa noch immer so aus wie die Festung Akkon aus der Kreuzfahrerzeit. Sie schrieben jahrelang – als dies noch aktuell war – gegen die Aufnahme der Türkei in die EU an, und zwar mit einem abendländischen Glaubenseifer, der in der Tradition der Predigten des 15. und 16. Jahrhunderts stand. Dieser Zeit verdanken die zwölf goldgelben Sterne der EU-Flagge ihren Ursprung. Diese Sterne haben eine besondere Geschichte. Als am 7. Oktober 1571 die Türken in der Seeschlacht von Lepanto geschlagen wurden, da wussten Papst und Christenheit, wem sie das zu verdanken hatten: nicht nur dem Geschick des Don Juan de Austria, der 80 türkische Galeeren versenkte und 130 erbeutete, sondern der Fürsprache der Gottesmutter. Deshalb wurde der 7. Oktober, der Tag des Seesiegs von 1571, vom Papst zum Rosenkranzfest erklärt. So fand man es nämlich in der Geheimen Offenbarung des Apostels Johannes geschrieben: »Und ein großes Zeichen erschien am Himmel: Eine Frau, bekleidet mit der Sonne, der Mond war unter ihren Füßen und auf ihrem Haupt ein Kranz von zwölf Sternen.« Die Frau war natürlich die Jungfrau Maria, und die Mondsichel, die sie unter ihren Füßen zertrat, war das Symbol des Osmanischen Reiches – der Halbmond.

Die Aufnahme der Türkei in die EU – wie unendlich weit ist sie jetzt weggerückt! – wäre eine weltgeschichtliche Frage gewesen. Der alte Wiener Kardinal Franz König hat 1996 in einem Interview mit der *Süddeutschen Zeitung* betont, wie tief die Türkei und der Islam hineinragen »in die Geschichte dessen, was wir Europa nennen« – so dass wir das »unmöglich ausschließen können«. Der Kardinal erklärte, »Nationalismus ist unchristlich«, und er warb schlicht und eindringlich: »Christentum und Islam, Europa und Türkei müssen miteinander leben, nicht nebeneinander.« Es geht darum, was und wie Europa sein wird. Europa ist kein vergangenes Produkt, es ist nicht nur das, was in den Geschichtsbüchern steht, nicht die Addition aus alten Schlachten und Vorurteilen. Europa ist ein Zukunftsprojekt; so ist die EU angelegt, als Projekt der Vielfalt und der Toleranz. Europäische Demokratie heißt: Zukunft miteinander gestalten. Seit 1963 ist die Türkei assoziiertes Mitglied der EU, seit 1996 Mitglied der Zollunion, seit 1999 offizieller EU-Kandidat; im Hinblick darauf kam es zu Beginn des Jahrtausends zu einem Reformschub in der Türkei. Das alles war wie eine lange Verlobung. Sie ist an der alten europäischen Lethargie und an der neuen türkischen Autokratie zerbrochen. Jetzt liegt der türkische Rechtsstaat unter den Füßen von Sultan Erdogan.

***

2019 ist die nächste Europawahl, die neunte Direktwahl zum Europäischen Parlament. Die Europäer werden für ein junges, ein sich reformierendes Europa kämpfen müssen wie nie, weil spätestens diese Europawahl die Antwort geben muss auf die neuen Nationalismen und die neuen Populismen. Es geht um die Antwort auf die Frage, in welcher Gesellschaft wir leben wollen. Wir brauchen keinen Backlash, wir brauchen ein starkes Europa, wir brauchen ein Europa der Bürgerinnen und Bürger. Wir brauchen nicht mehr Europa; wir brauchen nicht weniger Europa. Wir brauchen ein besseres Europa.

Das moderne Europa für das Ziel der Weltgeschichte zu halten, haben wir kein Recht. Aber wir haben die Chance, mit diesem Europa gute Weltgeschichte zu schreiben. Es wäre dies eine Geschichte, die auf dem gründet, was die attische Demokratie, die Polis in Athen, 500 Jahre vor Christus begonnen hat; es wäre dies eine Geschichte, die ein Utopia realisiert, wie Thomas Morus es vor 500 Jahren imaginiert hat.

»Trotz alledem und alledem«: Ferdinand Freiligrath hat sich mit diesen Versen 1848 in den »Wind der Reaktion« gestellt, die Demokratie beschworen und empfohlen: »Wir schütteln uns.« In Europa gibt es viel zu schütteln. Aber es gibt auch viel zu lieben an diesem Europa. Europa muss man einfach lieben.